北海道の国鉄アルバム

中巻

（室蘭本線、日高本線、千歳線、石勝線）

写真：安田就視　解説：辻 良樹

1980（昭和55）年に沼ノ端～苗穂間の電化が完成。同日に室蘭～東室蘭～沼ノ端間も電化し、711系交流電車による苫小牧、室蘭方面への普通列車の運行が開始された。写真は、旧塗色時代の懐かしい711系。711系は量産車では日本初の近郊形交流電車だ。◎上野幌　1984（昭和59）年10月30日

.....Contents

蒸気機関車を追いやったということで、蒸気機関車ファンには不評だったDD51形
ディーゼル機関車。しかし、旧型客車列車が少なくなりつつある時代には、客レ牽引
のエース的存在として人気を獲得した。写真当時の北海道では、まだまだ旧型客車
が多く運用されていたが、やがて50系51形のレッドトレインへと変わっていった。
◎幌別〜鷲別　1979（昭和54）年11月7日

まえがき

　今回は、北海道の鉄道体系を大きく変えた路線が多い。室蘭本線は函館〜札幌間のメインルートだった小樽経由に変わって海線と呼ばれるメインルートとなり、千歳線とセットでその地位を強固なものにした。また、石勝線は夕張線の衰退と呼応するかのように、新しい幹線へと姿を変え、釧路方面へのショートカット路線となり、またリゾート開発路線として特異な姿を見せてきた。千歳線は海線の一部という側面とともに、空港アクセス鉄道の歴史を築いてきた先駆的な存在だ。一方、上記3線と異なるのは日高本線。現存線を扱ったこのシリーズだが、掲載の日高本線鵡川〜様似間の鉄道運輸は2021 (令和3) 年4月1日で廃止となった。

　立地や様々な条件によって明暗が分かれた路線。日高本線は台風被害が無ければおそらく現在も鉄道運輸が存続していただろう。襟裳岬へアクセスできる路線は、やはり旅行者にとって魅力があった。このシリーズに夕張支線はない。先に発行の「北海道の廃線記録(室蘭本線、日高本線、根室本線沿線編)」の夕張線で紹介している。夕張線は運炭で活況を呈した。室蘭本線は海線として強固な地位を築いたと記したが、海線に属さない例外の区間が同本線沼ノ端〜岩見沢間である。かつての夕張線と同じく運炭列車が行き交った時代は遥か昔で、現代のニーズから取り残された区間になっている。

　北海道の主要幹線として発展を遂げた線区を除けば、自然災害が起こってしまうとなかなか復旧できない現状が北海道のJR線にはある。廃止が続く北海道にあって、鉄道ファン的には室蘭本線沼ノ端〜岩見沢間は、日本の石炭産業を支えた歴史的な路線であり現存区間で、渡道した際にはまた乗車してみたい区間。ノスタルジーだけでは鉄道を守れないが、せめてこの写真集に登場するかつての雄姿をご覧いただき、その歴史文化的な存在意義を再認識していただければ幸いである。

2021年6月　辻 良樹

【室蘭本線の年表】

1872（明治5）年1月	北海道開拓に関する調査報告書を、開拓使顧問のケプロンが開拓使次官黒田清隆に提出。
1873（明治6）年9月	幌内炭田の運炭方法に関する報告書を、ケプロンが黒田清隆に提出。
1878（明治11）年12月	アメリカ人技師クロフォードが、開拓使の招きで来日。
1879（明治12）年8月	幌内～小樽間の鉄道建設を、クロフォードが黒田清隆に建議。 同区間の竣工後、幌内～室蘭間に着手すべきと提案。
1880（明治13）年11月28日	官営幌内鉄道の手宮～札幌間（後の手宮線・函館本線）が開業。1882年11月には幌内まで延伸して岩見沢駅が開業。
1889（明治22）年11月19日	北海道庁の部長を退官した堀基が、北海道炭礦鉄道（北炭）を設立。
1889（明治22）年12月11日	幌内鉄道が北海道庁から北炭に払い下げられる。
1892（明治25）年8月1日	北海道炭礦鉄道室蘭（現・東室蘭）～岩見沢間が開業。
1892（明治25）年11月1日	室蘭港へ夕張炭を運ぶため、北海道炭礦鉄道の支線追分～夕張間（現・石勝線）が開業。
1897（明治30）年7月1日	室蘭駅を輪西駅に改称し、室蘭市街地に2代目室蘭駅を新設。輪西～室蘭間が延伸開業。
1901（明治34）年12月1日	北炭が室蘭～岩見沢間を室蘭線、追分～夕張間を夕張支線と正式に名称制定。
1903（明治36）年8月21日	室蘭～岩見沢～手宮間で急行が運転開始。
1906（明治39）年10月1日	北炭所有の鉄道が国有化。北海道炭礦鉄道は北海道炭礦汽船（北炭）に改称。
1909（明治42）年10月12日	線路名称制定。室蘭～岩見沢間が室蘭本線、追分～夕張間が夕張線となる。
1911（明治44）年	室蘭駅北側の茶津岬に、鉄道院の石炭高架桟橋が完成。室蘭駅から引込線を敷設。
1912（大正1）年	室蘭駅が新築される。
1914（大正3）年11月11日	志文～万字炭山間に万字軽便線（後の万字線）が開業。
1919（大正8）年3月	鉄道敷設法の予定線に「長輪線」長万部～輪西間が追加。11月に長万部側から着工。
1920（大正9）年	室蘭本線で2700t牽引列車の試験運転が行われる。
1923（大正12）年12月10日	長輪線の長万部～静狩間が開業。
1925（大正14）年8月20日	長輪東線として輪西～伊達紋別間が開業。これに伴い長万部～静狩間が長輪西線に改称。
1928（昭和3）年9月10日	静狩～伊達紋別間が延伸開業。長輪西線、延伸区間、長輪東線を統合して長輪線に改称。
1931（昭和6）年4月1日	長輪線を室蘭本線に編入。東輪西～室蘭間を支線とする。
1932（昭和7）年	旧鉄道院の高架桟橋が改築。鉄筋コンクリート造の4連桟橋となり、年間400万tの積み出しが可能となる。
1934（昭和9）年7月1日	室蘭～東室蘭間でガソリンカーが運転開始。
1938（昭和13）年5月1日	燃料統制によりガソリンカーが運転休止。
1940（昭和15）年12月15日	伊達紋別～徳舜瞥（後の新大滝）間に胆振縦貫鉄道（後の胆振線）が開業。
1946（昭和21）年4月22日	青函航路を挟んだ上野～札幌間で、連合軍専用列車「Yankee Limited」が運転開始。
1946（昭和21）年11月5日	「Yankee Limited」が小樽経由から室蘭本線経由に変更。
1949（昭和24）年	室蘭本線で、全長700mにおよぶ2800t牽引列車の試験運転が行われる。
1950（昭和25）年	長万部駅で「かにめし」の販売が開始される。
1950（昭和25）年9月15日	室蘭～登別・豊浦間で気動車が運転開始。
1954（昭和29）年10月1日	元連合軍専用列車の「特殊列車」を引き継いだ函館～札幌間の急行「洞爺」が運転開始。
1956（昭和31）年11月19日	急行「洞爺」を「すずらん」に改称。
1958（昭和33）年10月1日	函館～札幌間で急行「石狩」が運転開始。
1959（昭和34）年9月22日	室蘭～札幌間で準急「ちとせ」が運転開始。
1960（昭和35）年5月10日	貨物支線室蘭～西室蘭間が開業。
1961（昭和36）年6月5日	国鉄が、函館～札幌間の基幹線を函館本線小樽経由から室蘭本線・千歳線経由に切り替えると発表。
1961（昭和36）年10月1日	函館～旭川間で北海道初の特急「おおぞら」、夜行準急「たるまえ」が運転開始。

1962（昭和37）年10月1日	函館～札幌間で気動車急行「アカシヤ」が運転開始。特急「おおぞら」に滝川で分割・併結する釧路発着編成を連結。
1962（昭和37）年10月6日	札幌～倶知安～伊達紋別～沼ノ端～札幌間で準急「いぶり」が運転開始。
1962（昭和37）年11月1日	虻田駅を洞爺駅と改称。
1964（昭和39）年10月1日	函館～釧路・網走間で特急「おおとり」が運転開始。
1965（昭和40）年10月1日	函館～旭川間で特急「北斗」が運転開始。
1966（昭和41）年3月5日	準急「いぶり」「ちとせ」「たるまえ」を急行に昇格。
1968（昭和43）年10月1日	急行「すずらん」1往復を特急「北斗」に昇格。
1969（昭和44）年10月1日	特急「北斗」1往復を「エルム」に改称。
1975（昭和50）年4月1日	夕張鉄道が全線廃止。
1975（昭和50）年12月14日	室蘭～岩見沢間でC57 135の牽引による国鉄最後のSL定期旅客列車が運転される。
1976（昭和51）年3月2日	追分機関区でSLによる入れ換え作業を廃止。これで国鉄における蒸気機関車の運用が終了。
1980（昭和55）年10月1日	室蘭～沼ノ端間が千歳線とともに電化。室蘭～札幌・旭川間で電車特急「ライラック」が運転開始。
1981（昭和56）年10月1日	石勝線開業に伴い、特急「おおぞら」1往復の運転系統を分割。函館～札幌間を「北斗」に統合。
1983（昭和58）年6月1日	特急「北斗」にキハ183系気動車を導入。
1985（昭和60）年3月14日	急行「すずらん」を特急「北斗」に統合。
1985（昭和60）年4月1日	万字線が廃止。バス転換となる。
1986（昭和61）年11月1日	特急「おおぞら」1往復の運転区間を札幌～帯広・釧路間に短縮。これで室蘭本線を経由する「おおぞら」が消滅。
1986（昭和61）年11月1日	胆振線が廃止。バス転換となる。
1988（昭和63）年3月13日	青函トンネル（海峡線）の開業に伴い、上野～札幌間で寝台特急「北斗星」、青森～札幌間で夜行急行「はまなす」が運転開始。
1988（昭和63）年7月	函館～札幌間で夜行快速「ミッドナイト」が運転開始。
1989（平成1）年7月21日	大阪～札幌間で団体臨時列車として寝台特急「トワイライトエクスプレス」が運転開始。
1992（平成4）年7月1日	特急「ライラック」の運転区間を新千歳空港・札幌～旭川間に変更。室蘭～札幌で特急「すずらん」が運転開始。
1994（平成6）年3月1日	函館～札幌間で、振り子式のキハ281系による特急「スーパー北斗」が運転開始。
1999（平成11）年7月16日	上野～札幌間で寝台特急「カシオペア」が運転開始。
2003（平成15）年10月8日	室蘭本線開通110周年を記念し、岩見沢駅構内でC11207を「SL北海道遺産」号として展示。
2011（平成23）年3月12日	JR貨物の苫小牧駅を苫小牧貨物駅に改称。
2013（平成25）年11月1日	特急列車の減速・減便に伴い、長万部～東室蘭～沼ノ端間の最高速度が120km/hとなる。

【日高本線の年表】

1892（明治25）年8月1日	北海道炭礦鉄道室蘭線（現・室蘭本線）の駅として苫小牧駅が開業。
1907（明治40）年5月	王子製紙が苫小牧工場の建設工事に着手。
1909（明治42）年6月	三井物産が苫小牧～鵡川間に木材運搬用の専用馬車軌道を建設。
1911（明治44）年12月	三井物産の専用鉄道が佐瑠太（現・富川）まで延伸。
1912（大正1）年8月15日	三井物産が苫小牧～佐瑠太間の専用鉄道を王子製紙に譲渡。
1913（大正2）年10月1日	苫小牧軽便鉄道が苫小牧～佐瑠太間に開業。
1922（大正11）年8月21日	沙流軌道が佐瑠太～平取間に開業。
1924（大正13）年9月6日	日高拓殖鉄道の佐瑠太～厚賀間が開業。
1926（大正15）年12月7日	日高拓殖鉄道の厚賀～静内間が延伸開業。

1927（昭和2）年8月1日	苫小牧軽便鉄道と日高拓殖鉄道を買収して国有化。苫小牧〜静内間が日高線となる。
1933（昭和8）年12月15日	静内〜日高三石間が延伸開業。
1935（昭和10）年10月24日	日高三石〜浦河間が延伸開業。
1937（昭和12）年8月10日	浦河〜様似間が延伸開業し、日高本線の現ルートが全通。
1943（昭和18）年11月1日	苫小牧〜様似間を日高本線に改称。
1951（昭和26）年12月11日	富川〜平取間の沙流鉄道が廃止。
1959（昭和34）年6月7日	札幌〜様似間で準急「えりも」が運転開始。
1960（昭和35）年4月22日	札幌〜様似間で準急「日高」が運転開始。
1966（昭和41）年3月5日	準急「えりも」「日高」を急行に昇格。
1966（昭和41）年6月1日	「日高」を「えりも」に統合。
1974（昭和49）年2月9日	ＳＬさよなら運転を実施。
1986（昭和61）年11月1日	急行「えりも」廃止。
1988（昭和63）年11月3日	キハ130形気動車が運転を開始。
1999（平成11）年7月	鵡川〜静内間で臨時列車「日高ポニー」号が運転される。
2001（平成13）年12月27日	苫小牧〜静内間で臨時列車「ホリデー日高」が運転される。
2015（平成27）年1月8日	厚賀〜大狩部間で高波により路盤の土砂が流出し、鵡川〜様似間が不通となる。
2021（令和3）年4月1日	鵡川〜様似間（116.0 km）の運輸営業が廃止される。

【千歳線の年表】

1917（大正6）年9月18日	室蘭線（現・室蘭本線）早来〜占冠〜釧路線（現・根室本線）金山間の金山鉄道の免許を、室蘭の楢崎平太郎らが、鉄道院に申請。
1919（大正8）年6月27日	地形上の制約のために起点を早来から沼ノ端へ変更する旨が認可される。
1922（大正11）年7月24日	北海道鉱業鉄道の金山線として沼ノ端〜生鼈（後の旭岡）間（後の富内線）が開業。
1923（大正12）年6月12日	金山線生鼈〜似湾（後の栄）間が延伸開業。
1923（大正12）年11月11日	金山線似湾〜辺富内（後の富内）間が延伸開業。
1924（大正13）年3月3日	社名を北海道鉄道に改称。
1926（大正15）年8月21日	北海道鉄道札幌線沼ノ端〜苗穂間が開業。
1931（昭和6）年7月25日	東札幌で接続していた定山渓鉄道の電車の乗り入れを行うため、苗穂〜東札幌間を電化。
1934（昭和9）年10月1日	室蘭本線苫小牧駅まで列車乗り入れを開始。
1935（昭和10）年12月1日	所要時間短縮のためガソリンカーを運転開始。
1940（昭和15）年10月26日	函館本線札幌駅まで列車乗り入れを開始。
1943（昭和18）年8月1日	戦時買収により北海道鉄道が国有化。沼ノ端〜苗穂間を千歳線とする。
1946（昭和21）年11月5日	上野〜札幌間の連合国軍専用列車が、函館本線経由から千歳線経由に変更。
1954（昭和29）年10月1日	連合国軍専用列車の一部を引き継いだ函館〜札幌間の急行「洞爺」が運転開始。
1957（昭和32）年8月12日	定山渓鉄道が千歳線乗り入れ列車を気動車に変更。東札幌〜苗穂間の電化設備が廃止。
1959（昭和34）年9月22日	室蘭〜札幌間で気動車準急「ちとせ」が運転開始。
1960（昭和35）年7月1日	急行「すずらん」をキハ55系で気動車化。
1961（昭和36）年10月1日	函館〜旭川間で千歳線を経由する初の特急「おおぞら」、準急「たるまえ」が運転開始。
1968（昭和43）年10月1日	新札幌貨物（現・札幌貨物ターミナル）駅が開業。
1973（昭和48）年7月16日	新札幌貨物駅を札幌貨物ターミナルに改称。
1973（昭和48）年9月9日	旧線の北広島〜月寒間と大谷地駅を廃止。月寒〜東札幌間は貨物線（後に廃止）として函館本線に編入。
1980（昭和55）年10月1日	全線を電化。室蘭〜沼ノ端〜札幌〜旭川間で、雪に強い北海道専用の781系電車を導入した特急「ライラック」が運転開始。

1980（昭和55）年10月1日	千歳空港（現・南千歳）駅が開業。
1986（昭和61）年3月3日	千歳空港〜旭川間で特急「ホワイトアロー」が運転開始。途中停車駅は札幌のみ。
1988（昭和63）年3月13日	青函トンネルが開通。上野〜札幌間の寝台特急「北斗星」など本州からの直通列車が千歳線経由で運転を開始。
1988（昭和63）年3月	千歳空港〜手稲・札幌間で快速「空港ライナー」が運転開始。
1988（昭和63）年11月3日	721系電車の運用を開始。
1992（平成4）年7月1日	新千歳空港の本格開港に伴い、千歳空港駅を南千歳駅に改称して南千歳〜新千歳空港間を開業。快速「空港ライナー」を「エアポート」に改称し、新千歳空港発着に変更。
1996（平成8）年	速度向上と老朽化した711系の置き換えのため、731系電車の運用を開始。
2002（平成14）年3月16日	特急「スーパーホワイトアロー」の運転区間を新千歳空港〜旭川間に、「ライラック」の運転区間を札幌〜旭川間に変更。
2007（平成19）年10月1日	新千歳空港〜旭川間で特急「スーパーカムイ」が789系電車で運転開始。
2013（平成25）年11月1日	特急「北斗」・「スーパー北斗」・「すずらん」の最高速度を120 km/hに、「スーパーおおぞら」の最高速度を110 km/hに減速。

【石勝線の年表】

1889（明治22）年12月11日	堀基（元北海道庁理事官）らを中心に設立された北海道炭礦鉄道が、官営幌内鉄道（一部が現・函館本線）払い下げを受ける。
1890（明治23）年2月	北海道炭礦鉄道が夕張炭鉱を開鉱。
1892（明治25）年8月1日	北海道炭礦鉄道の岩見沢〜室蘭（現・東室蘭）間が開業。
1892（明治25）年11月1日	夕張炭鉱の石炭を室蘭港に運び出すため、北海道炭礦鉄道の支線追分〜夕張間が開業。
1906（明治39）年10月1日	鉄道国有法に基づき、追分〜夕張間を含む北海道炭礦鉄道の社有鉄道を買収・国有化。
1909（明治42）年10月12日	線路名称制定。追分〜夕張間、支線の紅葉山〜楓間が夕張線となる。
1911（明治44）年12月	三井鉱山が、三井登川炭鉱に至る専用線として楓〜登川間を開業。
1916（大正5）年7月11日	三井鉱山専用線（楓〜登川間）を買収し、夕張線の支線に編入。
1926（大正15）年10月14日	夕張鉄道の新夕張（夕張本町を経て廃止）〜栗山間が開業。
1961（昭和36）年1月14日	夕張〜追分〜岩見沢〜札幌間で準急「夕張」が運転開始。主にキハ22形を使用。
1966（昭和41）年9月30日	後に石勝線の一部となる、根室本線落合〜新得間に新狩勝トンネル経由の新線が開業。
1968（昭和43）年10月1日	準急「夕張」を急行に格上げ。
1975（昭和50）年12月24日	夕張〜追分間でD51 241の牽引による国鉄最後のSL貨物列車が運転される。
1976（昭和51）年3月2日	追分機関区の入れ替え運用をもって、国鉄におけるSLの運用を終了。
1978（昭和53）年5月1日	鹿ノ谷〜夕張間の貨物営業が廃止。
1981（昭和56）年10月1日	既存の追分〜紅葉山間に加え、千歳空港（現・南千歳）〜追分間、新夕張（旧・紅葉山）〜上落合信号場間が開業して全通。楓、占冠、石勝高原（現・トマム）の各駅が開業。千歳空港〜新得間、新夕張〜夕張間を石勝線とする。
1981（昭和56）年10月1日	函館・札幌〜釧路間の特急「おおぞら」を石勝線経由に変更。急行「狩勝」の一部を札幌〜釧路間（石勝線経由）の急行「まりも」とする。
1991（平成3）年7月27日	特急「とかち」に2階建て車両キサロハ182形を連結し、「スーパーとかち」に改称。
1993（平成5）年3月18日	急行「まりも」を特急「おおぞら」に格上げ。
1997（平成9）年3月22日	特急「おおぞら」に振り子式気動車キハ283系を投入し、同系列を使用する列車を「スーパーおおぞら」に改称。
2001（平成13）年7月1日	特急「おおぞら」をキハ283系「スーパーおおぞら」に統一。札幌〜釧路間（石勝線経由）で夜行特急「まりも」が運転開始。
2009（平成21）年10月1日	キハ261系1000番台の追加投入により、特急「とかち」を「スーパーとかち」に統一。
2019（平成31）年4月1日	新夕張〜夕張間（夕張支線）の運輸営業が廃止される。

※年表は各種資料をもとに編集部にて作成。

【室蘭本線】

区間　長万部～岩見沢
211.0km
1928（昭和3）年9月10日全通
＜支線＞東室蘭～室蘭　7.0km

長万部　おしゃまんべ
0.0km（長万部起点）
↓
静狩　しずかり
10.6km（長万部起点）
↓
小幌　こぼろ
17.5km（長万部起点）
↓
礼文　れぶん
23.6km（長万部起点）
↓
大岸　おおきし
27.7km（長万部起点）
↓
豊浦　とようら
36.1km（長万部起点）
↓
洞爺　とうや
41.5km（長万部起点）
↓
有珠　うす
46.6km（長万部起点）
↓
長和　ながわ
51.5km（長万部起点）
↓
伊達紋別　だてもんべつ
54.5km（長万部起点）
↓
北舟岡　きたふなおか
57.4km（長万部起点）
↓
稀府　まれっぷ
60.6km（長万部起点）
↓
黄金　こがね
65.1km（長万部起点）
↓
崎守　さきもり
67.3km（長万部起点）
↓
本輪西　もとわにし
72.7km（長万部起点）
↓
東室蘭　ひがしむろらん
77.2km（長万部起点）
↓
鷲別　わしべつ
79.1km（長万部起点）
↓
幌別　ほろべつ
86.8km（長万部起点）
↓

富浦　とみうら
92.3km（長万部起点）
↓
登別　のぼりべつ
94.7km（長万部起点）
↓
虎杖浜　こじょうはま
98.1km（長万部起点）
↓
竹浦　たけうら
102.9km（長万部起点）
↓
北吉原　きたよしはら
105.7km（長万部起点）
↓
萩野　はぎの
107.8km（長万部起点）
↓
白老　しらおい
113.6km（長万部起点）
↓
社台　しゃだい
119.1km（長万部起点）
↓
錦岡　にしきおか
125.4km（長万部起点）
↓
糸井　いとい
130.6km（長万部起点）
↓
青葉　あおば
132.8km（長万部起点）
↓
苫小牧　とまこまい
135.2km（長万部起点）
↓
沼ノ端　ぬまのはた
144.0km（長万部起点）
↓
遠浅　とあさ
152.9km（長万部起点）
↓
早来　はやきた
158.3km（長万部起点）
↓
安平　あびら
164.0km（長万部起点）
↓
追分　おいわけ
170.8km（長万部起点）
↓
三川　みかわ
178.8km（長万部起点）
↓
古山　ふるさん
182.2km（長万部起点）
↓
由仁　ゆに
186.4km（長万部起点）
↓

栗山　くりやま
191.5km（長万部起点）
↓
栗丘　くりおか
195.7km（長万部起点）
↓
栗沢　くりさわ
199.6km（長万部起点）
↓
志文　しぶん
203.9km（長万部起点）
↓
岩見沢　いわみざわ
211.0km（長万部起点）

＜支線＞

東室蘭　ひがしむろらん
0.0km（東室蘭起点）
↓
輪西　わにし
2.3km（東室蘭起点）
↓
御崎　みさき
4.2km（東室蘭起点）
↓
母恋　ぼこい
5.9km（東室蘭起点）
↓
室蘭　むろらん
7.0km

日高本線

区間　苫小牧～鵡川　30.5km
1913（大正2）年10月1日開業

苫小牧　とまこまい
0.0km（苫小牧起点）
↓
勇払　ゆうふつ
13.1km（苫小牧起点）
↓
浜厚真　はまあつま
22.7km（苫小牧起点）
↓
浜田浦　はまたうら
27.0km（苫小牧起点）
↓
鵡川　むかわ
30.5km（苫小牧起点）
↓

＜日高本線 廃止区間＞

汐見　しおみ
34.5km（苫小牧起点）
↓

富川　とみかわ
43.6km（苫小牧起点）
↓
日高門別　ひだかもんべつ
51.3km（苫小牧起点）
↓
豊郷　とよさと
56.3km（苫小牧起点）
↓
清畠　きよはた
61.1km（苫小牧起点）
↓
厚賀　あつが
65.6km（苫小牧起点）
↓
大狩部　おおかりべ
71.1km（苫小牧起点）
↓
節婦　せっぷ
73.1km（苫小牧起点）
↓
新冠　にいかっぷ
77.2km（苫小牧起点）
↓
静内　しずない
82.1km（苫小牧起点）
↓
東静内　ひがししずない
90.9km（苫小牧起点）
↓
春立　はるたち
97.0km（苫小牧起点）
↓
日高東別　ひだかとうべつ
99.4km（苫小牧起点）
↓
日高三石　ひだかみついし
105.8km（苫小牧起点）
↓
蓬栄　ほうえい
109.8km（苫小牧起点）
↓
本桐　ほんきり
113.0km（苫小牧起点）
↓
荻伏　おぎふし
120.2km（苫小牧起点）
↓
絵笛　えふえ
125.1km（苫小牧起点）
↓
浦河　うらかわ
130.3km（苫小牧起点）
↓
東町　ひがしちょう
132.4km（苫小牧起点）
↓
日高幌別　ひだかほろべつ
136.9km（苫小牧起点）
↓

鵜苫　うとま
141.1km（苫小牧起点）
↓
西様似　にしさまに
143.6km（苫小牧起点）
↓
様似　さまに
146.5km（苫小牧起点）

【千歳線】

区間　沼ノ端～白石　56.6km
1926（大正15）年8月21日全通
＜支線＞
南千歳～新千歳空港　2.6km

沼ノ端　ぬまのはた
0.0km（沼ノ端起点）
↓
植苗　うえなえ
6.4km（沼ノ端起点）
↓
南千歳　みなみちとせ
18.4km（沼ノ端起点）
↓
千歳　ちとせ
21.4km（沼ノ端起点）
↓
長都　おさつ
24.9km（沼ノ端起点）
↓
サッポロビール庭園　さっぽろびーるていえん
27.1km（沼ノ端起点）
↓
恵庭　えにわ
29.4km（沼ノ端起点）
↓
恵み野　めぐみの
31.9km（沼ノ端起点）
↓
島松　しままつ
34.1km（沼ノ端起点）
↓
北広島　きたひろしま
40.6km（沼ノ端起点）
↓
上野幌　かみのっぽろ
48.6km（沼ノ端起点）
↓
新札幌　しんさっぽろ
51.5km（沼ノ端起点）
↓
平和　へいわ
54.4km（沼ノ端起点）
↓
白石　しろいし
56.6km（沼ノ端起点）

＜支線＞
南千歳　みなみちとせ
0.0km（南千歳起点）
↓
新千歳空港　しんちとせくうこう
2.6km（南千歳起点）

【石勝線】

区間　南千歳～新得　132.4km
1981（昭和56）年10月1日全通

南千歳　みなみちとせ
0.0km（南千歳起点）
↓
追分　おいわけ
17.6km（南千歳起点）
↓
川端　かわばた
27.0km（南千歳起点）
↓
滝ノ上　たきのうえ
35.8km（南千歳起点）
↓
新夕張　しんゆうばり
43.0km（南千歳起点）
↓
占冠　しむかっぷ
77.3km（南千歳起点）
↓
トマム　とまむ
98.6km（南千歳起点）
↓
新得　しんとく
132.4km（南千歳起点）

※各線とも廃止駅および信号場へ変更された駅を除く。
但し、日高本線に限り2021年4月1日に廃止された鵜川～様似間の廃止時の駅を収録。
各種資料をもとに編集部にて作成（2021年5月現在）。

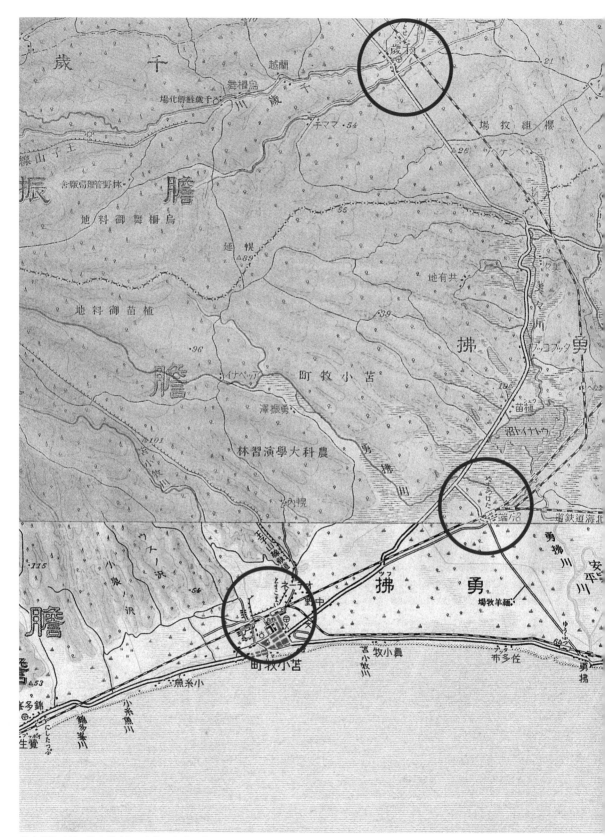

苫小牧町（現・苫小牧市）の市街地と苫小牧駅。苫小牧駅の東で分岐して海沿いを行くのは日高線。日高本線になるのは1943（昭和18）年で、沼ノ端駅の西から分岐する新線が1962（昭和37）年12月に開通するまでこのルートだった。新線開通で勇払駅は北側へ移転。沼ノ端駅の東から分岐するのは北海道鉄道。後に国有化され富内線となるが、1943（昭和18）年11月に鵡川〜

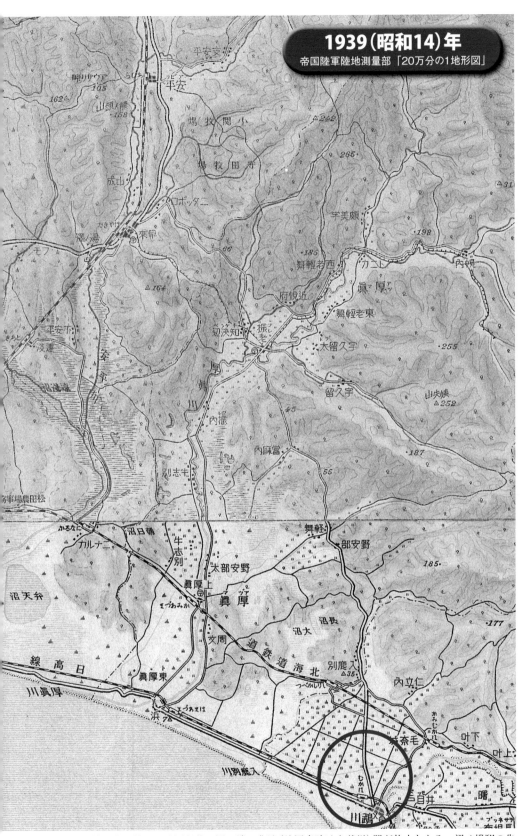

豊城間の連絡線開業に伴って地図記載の沼ノ端～豊城（地図当時は上鵡川）間が休止となる。沼ノ端駅の先で北海道鉄道札幌線（現・千歳線）が室蘭本線をオーバークロスし、これは現在もほぼ同じ。

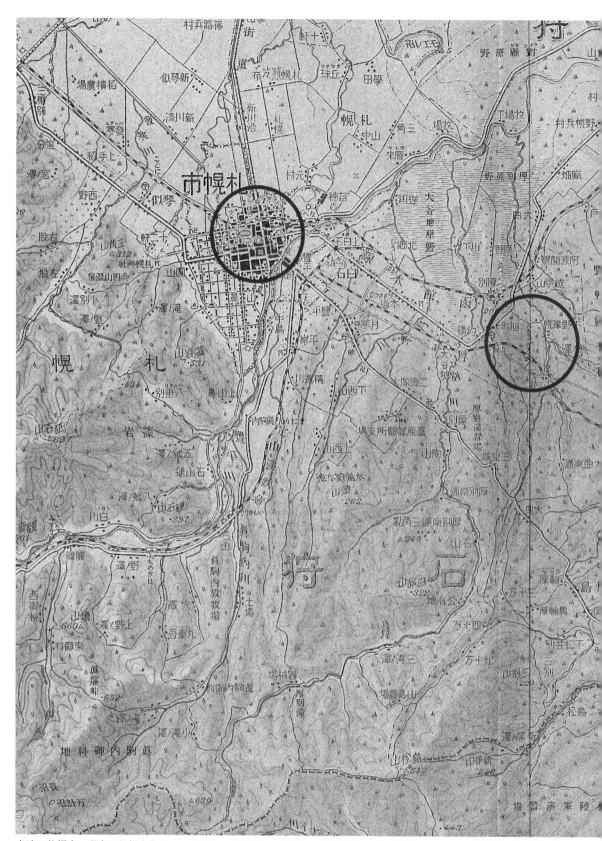

当時の札幌市。現在の札幌市街地からすると、大変こじんまりした市街地だった。地図の中ほどに北海道鉄道札幌線（現・千歳線）の北広島駅。この先、東札幌駅へ向けて西へ進み、東札幌駅から先、苗穂方面へ路線が描かれているのが、後の千歳線旧線。上野幌（後の旧駅）、大谷地、月寒の各駅名が見られる。東札幌駅で合流するように記されているのが定山渓鉄道。

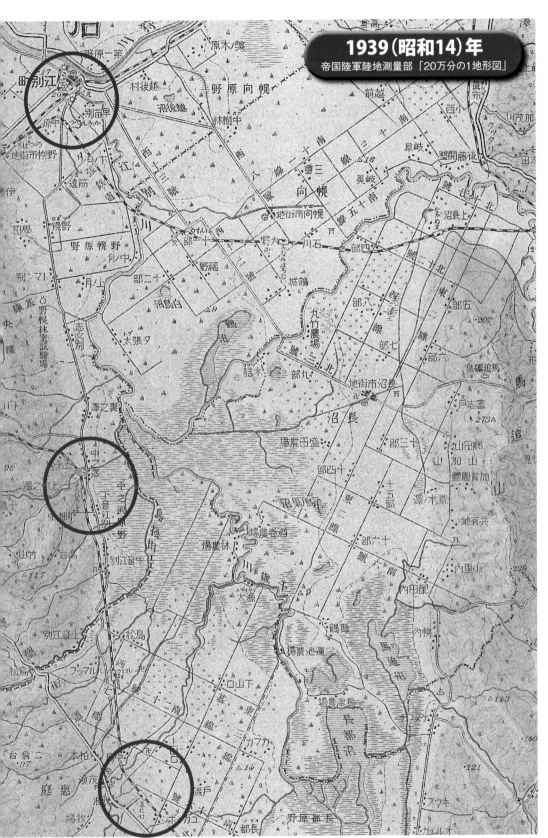

こちらは東札幌駅の先で白石へ向かう路線ではあるが、定山渓鉄道は北海道鉄道札幌線（現・千歳線）東札幌〜苗穂間を電化区間にして、苗穂駅への直通運転を行っていた。後に昭和30年代になると、定山渓鉄道は気動車で国鉄札幌駅へ乗り入れを行い、国鉄千歳線東札幌〜苗穂間の電化を解消している。

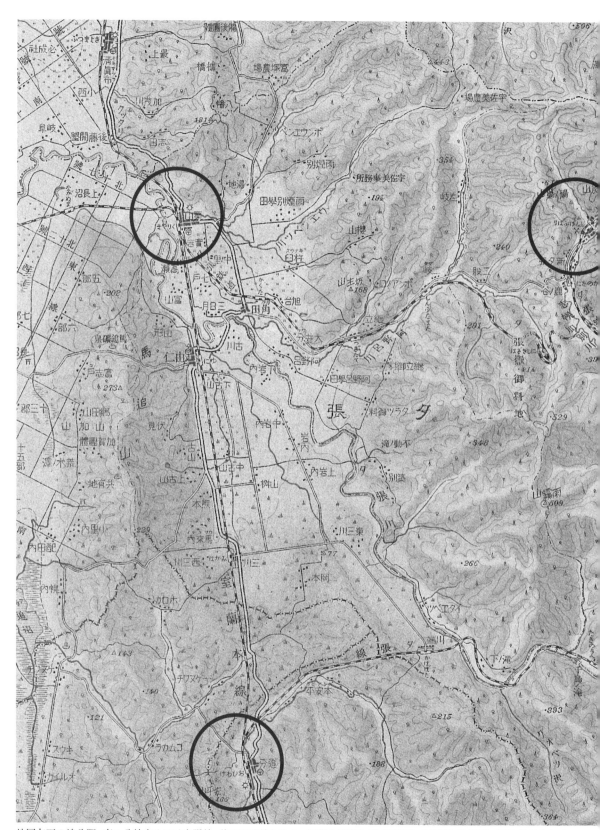

地図左下の追分駅。東へ分岐するのは夕張線。後に石勝線となる。紅葉山駅（現・新夕張駅）、夕張駅、登川駅の駅名が見られる。室蘭本線は北進。交通の要衝だった栗山駅。東西に分岐するのは夕張鉄道。1926（大正15）年10月に栗山～新夕張（後の夕張本町）間開業。1930（昭和5）年11月に野幌～栗山間が開業した。鐵道省編纂「時間表」昭和15年10月号（日本旅行協会）を見ると、栗山駅は赤帽配置駅で、当時の賑わいが感じられる。

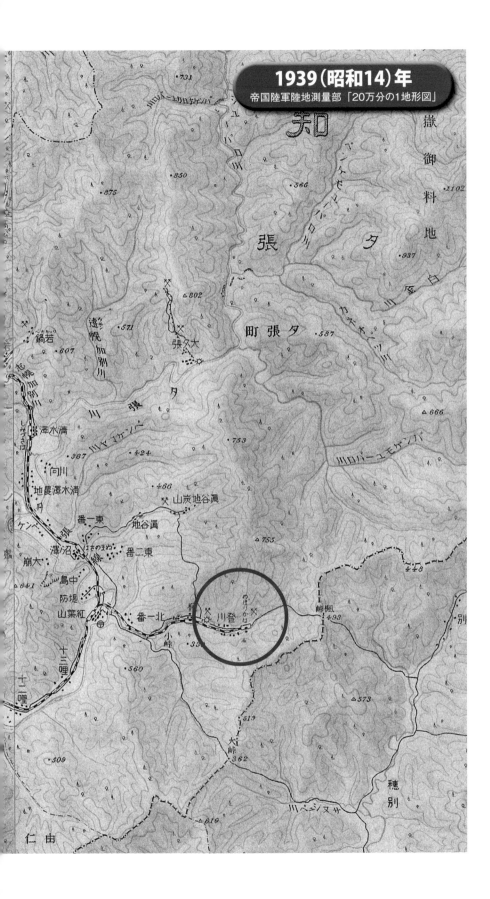

室蘭本線
むろらんほんせん

長万部は内浦湾に面した鉄道の町。駅は、函館本線と室蘭本線の分岐駅。直進するのが室蘭本線で、写真右へカーブする
のが函館本線小樽方面。その上に扇形機関庫が広がる長万部機関区。函館本線長万部〜小樽間は山線、室蘭本線は海線。
山線と海線が分岐する。山線経由の特急「北海」（1967年3月運転開始）を除き、「おおぞら」「おおとり」「北斗」の各特急
は室蘭本線・千歳線経由の海線で運行。空撮当時の函館〜札幌間のメインルートはすでに海線へ移っていたが、急行「て
いね」（後の「ニセコ」）は山線経由で函館〜札幌間を結び、長万部〜小樽間ではC62形重連が峠を越えた。長万部駅はその
C62形重連の解結作業を行う駅で、まさしく山線の前線基地だった。◎撮影：朝日新聞社

内浦湾を背景にして走るDD51牽引の客車列車。前3両が荷物車。多くの普通列車はディーゼルカーで運行だったが、気動車の荷物車は数が少なく、荷物取扱い駅が多くあった関係から、客車鈍行列車が生き残っていた。
◎静狩～旭浜仮乗降場　1982（昭和57）年4月1日

海の青に国鉄色が映えるキハ183系「おおぞら」。1979（昭和54）年に先行試作車のキハ183系900番台が登場。翌年に試作車900番台を使用した一部の「おおぞら」の運行を開始。さらに翌年から量産車の製造が始まり「おおぞら」などへ投入され、北海道の大地に根付いた名車として活躍を続けた。◎静狩〜旭浜仮乗降場　1982（昭和57）年4月

真っ直ぐな複線区間を単行のキハ40形が行く。記憶に新しいキハ40形とこの区間だが、室蘭本線の長万部〜東室蘭〜室蘭〜糸井間でのキハ40形の定期運用はすでに終了している。旭浜駅は1987（昭和62）年に仮乗降場から駅へ昇格したが、現在は廃駅になっている。◎旭浜〜静狩　1991（平成3）年8月22日

長万部駅で函館本線（山線）と分かれて室蘭本線（海線）を走ると最初に現れる駅が旭浜駅だった。しかし、同駅は2006（平成18）年３月に廃止となった。写真は、内浦湾に沿って非電化複線が続く北海道らしい景色を走るキハ183系後期型Ｎ183系による特急「北斗」。◎旭浜～静狩　1991（平成３）年８月

キハ183系初期型の新塗装による特急「北斗」。現在は、現役を退いたキハ183系初期型だが、北海道初の北海道用特急形気動車として今も多くのファンに語り継がれ、車両保存に向けたクラウドファンディングではすぐに成立するほどの人気である。◎静狩～旭浜　1991（平成３）年８月22日

小幌〜礼文の有名なカーブ。小幌から東へ向かって走ってきた列車は、ここでほぼ直角に角度を変えて礼文へ向けて南下する。北海道へ鉄道撮影に行ったならば、一度は訪ねてみたいと思うファンが多い聖地的な撮影スポット。雄大な風景の中で、今や懐かしいDD51が躍動する。◎小幌〜礼文　1991（平成３）年10月

D51牽引の貨物列車が爆煙を上げて駆ける。礼文～小幌間は内浦湾沿いからかなり離れて北へ迂回、有名撮影地の大カーブを過ぎると、小幌へ向かって西進し、小幌から先は海沿いとなって静狩へ向かう。秘境駅として有名な小幌駅は、写真当時は小幌仮乗降場だった。◎礼文～静狩（撮影区間不詳）1973（昭和48）年4月6日

室蘭本線の長万部寄り。礼文〜大岸間の旧線を走るDD51形牽引の貨物列車。DD51形からは黒煙が上がり、ディーゼル機関車ならではの鼓動が聞こえてきそうな写真。厳冬期の北海道での撮影で、露出が稼げない中、DD51の朱色や沿線風景をうまく捉えた写真。現在でも色あせない魅力がある。◎礼文〜大岸　1973（昭和48）年2月2日

DF200形牽引のコンテナ貨物列車。
DD51形の重連運転で牽引していた貨物
列車でも1両の牽引でこなす出力を持
ち、老朽化したDD51形を順次置き換えて
いった。写真のDF200形は、スカートの
色が赤の基本番台で、9号機までの特徴
である赤紫色のJRFロゴが写る。DF200
形の愛称はエコパワーレッドベア。
◎大岸〜豊浦　1999（平成11）年10月

奇岩奇勝といった海岸線を走っていた当時のシーン。礼文〜大岸間の旧線で、内浦湾に張り出すように線路がカーブを描き
D51が駆けた。1975（昭和50）年10月に同区間は複線化。複線化によって上下線ともトンネル化されて線路が付け替えられた。
◎礼文〜大岸　1973（昭和48）年4月6日

洞爺湖観光の拠点駅として知られる洞爺駅。写真は国鉄時代の1982（昭和57）年当時の様子。駅舎のすぐ前まで車が乗り入れ可能な一般的な駅前風景だった。その後、駅舎前に広場が整備され、2006（平成18）年には、地域交流センターを併設した駅舎へリニューアルされた。◎洞爺　1982（昭和57）年6月29日

側線に停車するマルチプルタイタンパー。バラストの突き固めなどを行う保線用車両。枕木が適正な位置にないとレールの歪みの原因となり、乗り心地にも大きく影響を及ぼす。特急が数多く走る室蘭本線は、比較的高速走行が多い線区で、バラストへの振動が大きく、保線作業によって北海道の大動脈が守られている。◎洞爺　1983（昭和58）年6月29日

1982(昭和57)年当時の伊達紋別の駅舎の様子。1925（大正14）年開業時の駅舎で、現在も改修を重ねて現役。白系の壁の印象がある駅舎だが、写真当時はクラッシックな色合いだった。写真左端に写るのは、国鉄バス。また、当時の伊達紋別駅は胆振線分岐駅であった。◎伊達紋別　1982（昭和57）年6月29日

内浦湾と簡易的なプラットホームの景色。写真は、信号場時代の北舟岡（現・北舟岡駅）。当時は信号場ながら「道内時刻表」（弘済出版社）の時刻表欄に記載され、早朝の下りと夕方の上りが停車していた。一方で仮乗降場を掲載する同時刻表の索引地図には掲載されておらず、時刻表欄には登場し、索引地図には出てこないミステリアスな信号場として一部の時刻表マニアに知られていた。
◎北舟岡信号場
1983（昭和58）年7月19日
撮影：荒川好夫（RGG）

東室蘭駅と特急「北斗」。室蘭市の代表駅は支線の室蘭駅だが、特急「北斗」は室蘭まで運行されず、東室蘭が停車駅である。必然的に室蘭駅よりも東室蘭駅の乗車人員が多く、実質的な室蘭市の玄関口駅と言えなくもない。
◎東室蘭　1994（平成6）年3月

281と白く太くデザインされたキハ281系の「スーパー北斗」。東室蘭駅のプラットホームは島式2面。駅舎は、戦中改築の駅舎が1960年代末期まで使用されたが、1969（昭和44）年12月に橋上駅となり、現在は自由通路の建設などによって、写真当時とはやや雰囲気が異なっている。
◎東室蘭　1994（平成6）年3月23日

東室蘭操車場跡側から撮影の「エルム」。写真奥は東室蘭駅。「エルム」は「北斗星」を補完した臨時寝台特急。DD51形に「エルム」のヘッドマークを付け、ファンに人気があった。寝台特急で北海道へ行くのが定番だった時代も、今や昔となった。
◎東室蘭〜鷲別　1994（平成6）年3月24日

残雪の東室蘭駅構内を走るキハ150形100番台とキハ40形。キハ150形100番台は基本番台よりも小窓になっているので判別しやすい。2021（令和3）年春にH100形が導入された影響で通常の定期列車としては室蘭本線糸井〜岩見沢間での運行になった。◎東室蘭　1994（平成6）年3月

寝台特急「北斗星」を後追い。朝、東室蘭駅には３本の「北斗星」が次々と発着し、終着札幌を目指した。山裾に広がる室蘭の市街地が写る。写真左側に写る冠雪した山は鷲別岳。東室蘭を境に、これまで南下してきた「北斗星」は、今度は北上しながら山が迫る海沿いを走った。◎東室蘭　1994（平成６）年３月

写真右側中ほど上が広大な室蘭駅。港と一体となった石炭積み出しの要塞だった時代が色濃く残っていた頃。駅舎は写真左端で、大半は貨物のための駅構内。右側、湾へ向けて突き出ているところが貨物船の岸壁。それを囲むように船へ積み込むための諸施設が構築され、真っ黒な貯炭場や高架桟橋、大量の移動に欠かせないローダーやトランスポーターが写り、岸壁や貯炭場と並ぶように貨車の操車場が横たわる。そのほか、駅構内写真左側の駅舎側に貨物ホームがあり、先の埠頭へ貨物線がのびている。駅構内左側から西室蘭駅への貨物用支線がわかりづらいが写る。◎撮影：朝日新聞社

支線にあたる区間の開業は1897（明治30）年7月。初代の室蘭駅が初代の輪西駅（後に移転して東輪西駅となり、その後に東室蘭駅へ改称）になり、2代目の室蘭駅が開業した。写真は、石炭積み出し港の駅として賑わった昔の面影を残していた頃。
◎室蘭　1979（昭和54）年11月7日

現役時代の３代目駅舎。写真は1979（昭和54）年に駅舎改修を終えた後の姿。元号が明治から大正に変わる頃、1912（明治45）年築と伝わり、1997（平成９）年10月に駅舎が移転するまで室蘭の玄関口だった。駅舎は旧室蘭駅舎として保存され、登録有形文化財、準鉄道記念物。駅舎周辺とあわせて日本遺産になっている。◎室蘭　1979（昭和54）年11月７日

781系新塗装時代のエル特急「すずらん」が走る。室蘭〜東室蘭間は特急料金不要の普通列車である。1992（平成4）年7月に室蘭〜札幌間を結ぶエル特急として登場。「すずらん」の愛称は、1980（昭和55）年に定期列車から姿を消した急行「すずらん」の愛称としても知られていた。2017（平成29）年にエル特急の呼び方が廃止となった。
◎鷲別〜東室蘭　1994（平成6）年3月

DD51牽引普通列車の後追いシーン。DD51形のディーゼル音とともに走り去って行く旧型客車。写るのは、オハフ62 35。60系客車は木造客車を鋼体化した客車。オハ62系は北海道仕様の形式で、オハフ62形は緩急車。
◎鷲別～幌別
1979（昭和54）年11月7日

11月初旬の雪景色を走るDD51と旧型客車。蒸気機関車引退後の撮影の主役はDD51＋旧型客車だった方も多いことだろう。短距離は気動車が主だったが、比較的長距離の岩見沢発着の普通列車で客車列車がよく見られた。旧型客車が茶系のぶどう色一色で、朱色のDD51とよくマッチしている。
◎幌別〜鷲別　1979（昭和54）年11月7日

牧場から見た室蘭本線。太平洋側からの撮影。牧場と牛舎とサイロという、北海道の風景3点セットの横を通り過ぎるD51
牽引の貨物列車。黒煙を棚引かせるD51の次位に冷蔵車を連結している。背景の山は1970年代の噴火で山容が変わる前の有
珠山。◎幌別～富浦　1972（昭和47）年8月12日

冬の室蘭本線を驀進したD51牽引の貨物列車。黒煙を上げ、ドラフト音が響き渡ってきそうな写真。幹線複線を走る蒸気機
関車は写真的にも迫力があった。付近の海岸は断崖が海に迫る地形で、富浦駅の南東には蘭法華岬がある。
◎富浦〜登別　1973（昭和48）年2月26日

空撮は幌別町から登別町へ改称された年の撮影。後年の市制施行で登別市となる。登別
は全国的に知られた温泉地名。駅は登別温泉下車駅だが、温泉地は8kmほど離れている。
登別の中心地は幌別駅周辺で、当時の空撮を見ると、知名度の高い駅名の駅前にしては市
街地がさほど形成されていない。登別駅両側の複線化は早く1926（大正15）年だった。海
岸沿いの低い山はソンベ山。石材の採掘か有名。駅から石材運搬の専用線などが分岐した。
◎撮影：朝日新聞社

室蘭本線　*51*

どんよりした冬の空のもと、赤い電車711系の色が目立つ。中間乗降扉付の車両が前後に見られる。写真右奥の広めの駅構内は登別駅。登別温泉最寄り駅で駅前には登別温泉通があるが、駅と温泉は約8km離れている。
◎富浦～登別　1994（平成6）年3月

3月下旬の雪景色を行く「ノースレインボーエクスプレス」。1992（平成4）年登場のジョイフルトレインでキハ183系5200番台。「ニセコエクスプレス」車両からバトンを受けて同年7月から「はこだてエクスプレス」で運用開始。同年12月に5両編成となり、「ノースレインボーエクスプレス」の愛称となった。写真に写る先頭車の色はラベンダー色である。
◎登別～富浦　1994（平成6）年3月24日

昭和初期建築の駅舎。登別市の玄関口であり、温泉地への下車駅。写真右の公園で赤鬼が出迎えている。駅舎の特徴は、間知石による石垣風の壁が見られること。赤みのある特徴的な石材だ。写真当時は駅舎出入口の前に新たに出入口用建物が増築される前。駅の利用者らしき人々で賑わっている。◎登別　1982（昭和57）年6月29日

改築後、2年目の頃の虎杖浜駅舎。傾斜した屋根が特徴的。駅舎は1981（昭和56）年に改築された。写真は通過中の781系とのツーショット。駅名のとおり、浜にも比較的近く、虎杖浜温泉がある。◎虎杖浜　1982（昭和57）年6月29日

竹浦駅を通過中の寝台特急「北斗
星」。道外や沿線以外の人にとっ
ては馴染みが薄い駅名かもしれな
いが、北海道へ渡った寝台特急の
車窓から見た朝の各駅は新鮮なも
のだった。竹浦駅は「北斗星」停
車駅の登別駅から苫小牧方面へ2
つ目の駅。直線的な駅構内で外側
にも線路があり、気軽に「北斗星」
などの寝台特急を撮影したい人向
けだった。
◎竹浦　1991（平成3）年8月

781系は、北海道の厳しい気象条件をクリアするために登場した北海道用耐寒耐雪仕様の交流特急形電車。1978 (昭和54) 年に試作車、1980 (昭和55) 年に量産車がデビューした。まさしく北海道の電化区間のエースだった781系「ライラック」。気軽に乗車できるエル特急として親しまれた。◎竹浦～北吉原　1991 (平成3) 年8月

敷生川の河口付近を渡るキハ183系新塗装色の「北斗」。3両目はハイデッカーグリーン車のキロ182形500番台。敷生川は河口付近で川幅が広がったかと思うと再び幅が狭くなって太平洋へ注ぐ。川の水は日本製紙の工業用水に利用されている。
◎竹浦〜北吉原　1991（平成3）年8月

白老駅で撮影のキハ56系4連。パノラ
ミックウインドウでHゴム支持の運転
台窓である。中線の待避線が写り、現
在も存在。待避線には待避を行う貨物
列車が入線する。現在、左に写る跨線
橋は閉鎖されて使用できず、新しい跨
線橋が別に建設された。
◎白老　1982（昭和57）年6月29日

国鉄時代の駅のひとコマ。手旗を持ち列車到着を迎える国鉄職員。写真右側に国鉄タイプの駅名標、写真左に荷車がある。当時の白老駅は荷物取扱い駅だった。駅員の足元には黄色地に安全十字マークが見られ、「左よし、右よし」の安全確認呼応表示も見られる。当時の何気ない日常の駅風景だが、今となっては懐かしい駅シーンと言える。
◎白老　1982（昭和57）年6月29日

室蘭本線は、国鉄で最後まで定期旅客
列車の牽引に蒸気機関車を運用してい
た路線。写真はその引退の年と同年に
撮影されたC57 144牽引による普通列
車で、最後の春の様子。イベント列車
ではない日常の定期列車として人気が
高く、当時のマスコミにも多く取り上
げられていた。そして、1975（昭和50）
年12月のさよなら運転をもって姿を消
した。
◎社台〜錦岡
1975（昭和50）年5月15日

競走馬とD51。動き回る馬と撮影する時は臨機応変に撮影できるように手持ち撮影が最適。三脚を据えて構図をばっちり決めていても、列車通過時に馬が列車に被る場合もある。D51牽引の貨物列車がファーム越しに走り、背景に樽前山が横たわる。
◎白老〜社台
1975（昭和50）年5月15日

競走馬が育つ北の大地に輝く寝台特急「北斗星」。沿線には社台ファーム白老（現・白老ファーム）など、北海道らしい景色
が展開する。このあたりは延々と続く直線区間。札幌を目指す寝台特急に朝陽が差し込む時間帯で、旅のムードが高まった。
◎白老〜社台　1991（平成3）年10月

車掌車や無蓋貨車を連ねてガーダー橋を渡るD51。小気味よいジョイント音やガーダー橋を渡る振動がしてきそうだ。五月晴れの北海道で、線路際の野菊が撮影の疲れを癒してくれそうなシーンである。写るD51は戦時型。ボイラー上にかまぼこ形のドームが写る。◎錦岡～社台　1975（昭和50）年5月15日

現駅舎へ改築前の苫小牧駅と駅前。駅舎の写真左に降車口、右側に乗車口の案内が見られる。その後はステーションビルを兼ねた駅舎が誕生した。写真当時は昭和の駅のムードが漂い、左に小荷物扱所の表示や宅配鉄道便の看板が見られる。
◎苫小牧　1982（昭和57）年 6 月29日

貨物駅と貨物線の様子。苫小牧市は王子製紙に代表される製紙業が古くから盛んな工業都市である。右側は電化された本線で架線柱が立つが、貨物駅や貨物線は非電化で、入換用のディーゼル機関車が本線と貨物線を行ったり来たりしながら働く。
◎苫小牧　1982（昭和57）年 6 月29日

雨模様の苫小牧市街地を抜ける寝台特急「カシオペア」。写真は「カシオペア」の運行が開始されて数ヶ月後の撮影。苫小牧駅を発車して沼ノ端駅方面へ向かい、他の寝台特急と同じく沼ノ端駅から分岐の千歳線へ入り、札幌へ短絡した。
◎苫小牧～沼ノ端
1999（平成11）年10月2日

DD51形牽引のコンテナ貨物列車。白緑色の今や懐かしいコンテナが積載されている。コンテナにはJNR（日本国有鉄道）のロゴが見られる。DD51形牽引の貨物列車は、かつては至る所で見られ、あらゆる魅力ある列車が走っていた国鉄時代には、あえて撮影しないでスルーするファンも多く居た。
◎苫小牧　1984（昭和59）年10月

非電化複線を走る蒸気機関車牽引の旅客列車は圧巻だった。もっとも、当時は室蘭〜東室蘭〜沼ノ端間も非電化であったが、写真の区間を含む沼ノ端〜岩見沢間は現在も非電化のままである。当時の同区間からは写真撮影時点で、追分駅から夕張線（後の石勝線）、志文駅から万字線が分岐し、栗山駅で接続した夕張鉄道の廃止直後だった。
◎沼ノ端〜遠浅　1975（昭和50）年5月15日

蒸気機関車の離合シーン。本線らしい複線区間で顔を合わすシーンは、やはり迫力がある。木材を大量に積載したD51牽引
の貨物列車が走り去る。当時の室蘭本線では木材の運搬も盛んに行われ、早来駅には木材のストックヤードが見られた。
◎沼ノ端〜遠浅　1970年代前半　撮影：白井朝子（RGG）

駅名は早来と書いて「はやきた」と読む。写真は旧駅舎時代の同駅。駅舎右側にC57が写る。当時の駅は貨物や荷物の取扱いを行い、駅事務室には蛍光灯が灯り、国鉄職員が配置されていた。駅には花壇があって、郵便ポストや電話ボックスが並ぶ。電話ボックスは、防犯のために下にも窓を設けたタイプの旧型だ。このようなことを思いながら見るのも、駅舎写真の楽しみかもしれない。◎早来　1972（昭和47）年6月21日

沼ノ端から追分へ向かう途中、早来や安平を通る。早来は元自治体の町名で安平は現在の町名。そして追分は、かつては追分町だったが、現在は安平町だ。写真は昭和50年はじめの沿線風景。D51形が長々とセキを連ねて走っている迫力あるシーン。D51が走る写真ではあるが、このように当時の沿線と一緒に撮影した風景写真は、その町の昔の様子も伝える貴重な写真資料とも言える。◎早来〜安平　1975（昭和50）年5月16日

キハ283系「スーパー北斗」。キハ283系
は、制御付自然振子式を搭載したキハ
281系の改良型である。現在はスーパー
の愛称が無くなり「北斗」へ統一され
ている、また、「北斗」へのキハ283系
の運用は、定期運用からは見られなく
なった。
◎三川〜追分　1999(平成11)年5月

JR北海道色キハ40の2連が走る。写真手前は石勝線。石勝線は追分を発車するとしばらく北進し、やがて室蘭本線と分かれて新得方面へ向かって東へ折れてゆく。元は夕張線で、石勝線は1981（昭和56）年10月に開業した。
◎三川〜追分　1999（平成11）年5月

1975(昭和50)年当時の三川駅の構内。C57牽引の普通列車が写り、C57 38が高らかに黒煙を上げている。奥が当時の駅舎で1982（昭和57）年に現駅舎へ改築された。写真右側には現存しない貨物ホームと貨物側線が写る。C57の写真左側のホームは島式ホームで、現在はC57寄りの線路が撤去されている。◎三川　1975（昭和50）年5月17日

49年前の室蘭本線D51の勇姿。写真奥が由仁駅。機関助士がキャブから顔を出して前方確認。罐安全弁から、罐の圧力を調整するための噴き出しシーンが見られる。牽引機はD51形733号機。煙突が円形でない独特な形状だ。
◎由仁～古山　1972（昭和47）年10月16日

C57 104号機牽引の普通列車が由仁駅を発車するところ。右側の線路は由仁駅構内で幹線らしい長い駅構内だ。C57横の分岐器は上り線と下り線の渡り線用分岐器である。写真手前の線路際にホオズキが見られる。
◎由仁〜古山　1972（昭和47）年10月16日

1973（昭和48）年当時の栗山駅の様子。電話ボックスが2つ並び、大柄な駅舎が建つ。当時は夕張鉄道接続駅で、時刻表に「弁当を売っている駅」を示す弁マークが見られた。写真右側に改札ラッチ、その上に「列車到着時刻表」があり、戦時型かまぼこ形ドームのD51が垣間見える。◎栗山　1973（昭和48）年10月14日

複線時代の上下線セパレート部で撮影のC57144号機。室蘭本線と言えば、やはり蒸気機関車牽引の定期旅客列車が最後まで運行された路線として知られる。その主役はC57形。写真左側の線路は下り線。現在の栗山〜栗丘間は単線区間だが、1990（平成２）年の下り線栗山トンネルの崩壊前は上下線で大きく分かれた複線区間だった。
◎栗丘〜栗山　1970年代前半　撮影：荒川好夫（RGG）

DD51牽引の客車列車。翌年には沼ノ端〜岩見沢間での旧型客車運用が姿を消す。写真は志文〜岩見沢間の旧本線時代で、当時の本線は岩見沢市街地へ向けて直進していた。かつての室蘭本線では運炭列車が活発に運行され、志文〜岩見沢間では線路容量がオーバー気味で、志文駅から見て西側に別線を敷設した。しかし、石炭産業の衰退で輸送量が減少すると別線は休止となった。別線はやや遠回りになるものの、岩見沢市街地の踏切通過を解消できる利点があり、1994（平成6）年に別線ルートを活かした本線へ切り替えを行った。旧本線は撤去後の後年に緑地へと整備されている。
◎志文〜岩見沢　1983（昭和58）年9月23日　撮影：荒川好夫（RGG）

岩見沢駅で撮影のキハ22＋キハ40の３連。左に写る青い屋根は３代目駅舎。2000（平成12）年12月に惜しくも焼失した。写真
当時の岩見沢駅は函館本線と室蘭本線が接続するだけではなく、幌内線の起点駅であり、万字線の列車の乗り入れも行われ、
非電化の室蘭本線、幌内線、万字線で運行の列車は、架線のない駅舎側の１番線から発着した。
◎岩見沢　1984（昭和59）年10月28日

キハ56系3連。雪景色の鵡川を渡る急行「えりも」。鵡川駅から先、様似駅までは廃線区間。鵡川駅を出ると、ほぼ直角に折れるように南下し、鵡川を渡った。急行「えりも」の苫小牧〜様似間の鵡川からの途中停車駅は、富川は全停車、日高門別、厚賀、新冠の各駅は一部を除き停車、静内、日高三石、浦河の各駅は全停車だった。
◎鵡川〜汐見　1983（昭和58）年3月10日　撮影：荒川好夫（RGG）

太平洋の大海原を背景に走るキハ56系の2連。雄大な景色の海沿いを行く非電化単線の姿。鵡川駅以東、終着様似駅までの廃線で、またひとつ北海道らしいローカル線の風景が見られなくなった。◎豊郷〜日高門別　1973（昭和48）年10月4日

太平洋を望む小さな駅清畠駅。廃線まで使用された待合所とは異なり、貨物や荷物の取扱いも行っていた有人駅時代の駅舎で、写真当時はまだ無人化される前。駅前の駅庭とともに写る白く塗られた駅舎の窓枠がお洒落だ。
◎清畠　1973（昭和48）年10月

海沿いを走るC11 183号機。まさに海岸線を行く絶景区間だった。この区間の先、苫小牧・鵡川方の厚賀〜大狩部間も、同じく海岸線に線路が敷かれた区間で、2015（平成27）年の高波、土砂や路盤の流出によって復旧の目途が立たず長期の列車運休になり、鵡川〜様似間の廃止の引き金になった。◎大狩部〜節婦　1972（昭和47）年8月11日

新冠を発車してしばらくすると、ほぼ直線に近い状態で海沿いを走った。日高本線沿線は北海道にしては降雪量が少なく、写真を見ていても真冬にしては、どこか穏やかな印象である。写真のC11 209号機は、2灯の前照灯が蒸気機関車ファンに人気だった。
◎新冠〜静内
1973（昭和48）年2月28日

1999（平成11）年5月に日高本線苫小牧〜様似間の定期列車に増結して延長運転するかたちで、札幌〜苫小牧間を1日1往復運行した臨時快速「しずない花めぐり」。臨時快速としては札幌〜苫小牧間のみの運行で、苫小牧〜様似間は定期の普通列車。札幌〜静内間は増結編成で運行。写真は静内にて増結編成を切り離した後の姿。定期の普通列車であり、種別幕を見ると普通表示になっている。
◎蓬栄〜日高三石
1999（平成11）年5月

C11 176号機の貨物列車が行く。
煤けて赤錆が見られる蒸気機関車
がいかにも現役らしく、磨き上げ
られた動態保存機によるイベント
列車とはひと味違った臨場感が出
ている。赤錆は塩気が多い沿岸部
を走る日高本線らしい。絵笛〜浦
河間は、太平洋沿岸からやや内陸
へ入り迂回している。辺りには牧
草地が広がる。
◎絵笛〜浦河
1973 (昭和48) 年10月4日

太平洋沿岸のイメージが強い日高本線だが、内陸は谷や丘陵になっている箇所が随所にあり、平野が広がる本州とは異なった北海道らしい地形とも言える。写真は小高い丘の脇を通り抜けるキハ22の一般色。
◎浦河〜絵笛　1973（昭和48）年10月

写真当時の次駅は日高幌別だった。東町仮乗降場（後の東町駅）は未開業。海と山に挟まれた浦河駅。様似方の踏切を行くC11 176号機が写る。浦河は日高支庁（現・日高振興局）所在地の町。駅は町の玄関口だが、市街地と離れている。駅と漁港が近く、踏切には鮮魚を入れる木箱を積んだ自転車が踏切待ちをしている。◎浦河〜日高幌別　1973（昭和48）年10月4日

太平洋に沈む夕陽を浴びて浦河駅を発車するＣ11 209号機。背後に港町が写る。写真に写る腕木式信号機が主要駅の貫禄を見せていた。廃止時は単式ホーム１面１線と若干の側線が残る程度だったが、写真当時は島式ホームもあり２面３線で、側線も廃止時より多く敷かれていた。◎浦河～絵笛　1973（昭和48）年２月28日

写真奥を見ると、海沿いに山が迫る地形がよくわかる。日高本線に乗ると浜辺が間近に見えるところが多い。写真はキハ130形が運用されていた当時のシーン。浜で天日干しされる昆布の風景。沿線は有名な日高昆布の産地である。◎東町～日高幌別　1991（平成３）年10月21日

この鉄橋を渡る姿をもう見られないかと思うと残念に思うぐらいに、眺めの良い長いガーダー橋を渡るシーンが印象的だった。川の名は日高の幌別川ということで日高幌別川。写真はC11形が活躍していた頃の古きよき時代。車掌車と無蓋貨車3両という編成が程よい加減だ。◎日高幌別〜鵜苫　1973（昭和48）年2月28日

北海道の中では、冬場でも比較的気候が安定している日高本線沿線。かといって、真冬の川沿いは寒い。太平洋側に沈む夕陽とのコラボレーションを捉えるべく、露出を計算しながらじっくりと待っていると、やってきたC11牽引の貨物列車。日高幌別川の水音とともにドラフト音。煙がシルエットで浮かび上がった。◎日高幌別〜鵜苫　1973（昭和48）年2月28日

キハ56系3両編成による急行「えりも」。
札幌～様似間を直通した日高本線の優
等列車。写真は札幌7:35発の「えりも2
号」で全区間急行運転。浦河を発車し
て終着様似を目指すシーン。同区間に
停車駅はなく、浦河11:10発、様似11:31
着だった。当時の急行「えりも」は全
区間急行運転の列車のほか、静内～様
似間で普通列車になる1往復もあった
（夜と早朝に各1本）。写真の後の末期
時代は、様似～静内間の運転がない静
内始発札幌行の「えりも3号」があり、
他の「えりも」は静内～様似間普通列
車で運行され、1986（昭和61）年10月を
もって急行「えりも」の運行が終了した。
◎鵜苫～日高幌別
1982（昭和57）年6月29日

太平洋の潮風に吹かれながら走ったキハ130形。日高本線の運転効率化を目的に投入されたキハ130形だったが、キハ22やキハ40に比べてかなり車内が狭く、しかも防寒のためのデッキがなく一重窓、さらに海からの塩害に弱い薄い鋼板製のため腐食が進行しやすく、鉄道車両にしては短命の運用に終わった。
◎日高幌別〜鵜苫
1991（平成3）年10月21日

様似駅を発車して様似川を渡るC11牽引の貨物列車。背景には様似の町が広がる。人口1万人に達したこともあった様似町。
写真当時の人口はやや減少して8千人台だったが、それでも人口ピーク時の活気がまだ町に漂っていた。
◎様似〜西様似　1972（昭和47）年8月10日

日高本線の終着駅様似駅。襟裳岬へ向かう国鉄バス発着駅。襟裳岬へ寄った後に再び国鉄バスに乗り、広尾駅まで行き、国鉄広尾線の旅を楽しむという、日高本線〜広尾線間の鉄道乗り継ぎ旅ができた。ちなみに、当時の様似駅は駅弁販売駅であった。◎様似　1979（昭和54）年11月6日

写真中ほど奥に駅舎が写り、転車台は駅の苫小牧方にあった。C11 176号機や給水塔、給炭台が写り、その向こうには貨車や側線が見え隠れする。日高本線の無煙化は写真の翌年にあたる1974（昭和49）年のことだった。◎様似　1973（昭和48）年10月4日

様似駅の駅舎とプラットホーム。写真は終端側から見たところで、バス窓のキハ21形が停車中。ホームには小荷物がたくさん積まれた荷車の姿。当時は荷物や貨物の取扱い駅で、写真右側には側線が並ぶ様子が写っている。また、駅から日本電工日高工場への専用線が敷設されていた。◎様似　1979（昭和54）年11月6日

様似川のガーダー橋を渡るC11牽引の貨物列車。様
似川の鉄橋は様似の町の西側。写真にはガーダー橋
下の向うに堤防が写り、堤防上を歩く人の姿が写る。
まだ真冬の時期で、他の北海道の地方では豪雪続きの
時期なのに、気候が比較的穏やかな太平洋沿岸だけ
に、堤防には雪がなく、河原にもほとんど雪がない。
◎様似～西様似　1973（昭和48）年2月28日

千歳線
ちとせせん

苫小牧東部に広がる荒涼たる勇払原野を走るD51牽引貨物列車。線路や築堤には雪が少ない。写真の沼ノ端〜植苗間は1969（昭和44）年に複線化された区間だが、上下線が大きく分かれているためまるで単線区間のように見える。
◎沼ノ端〜植苗
1973（昭和48）年2月27日

灰色の煤煙がうまく横に伸びている。
木橋が写る雪景色の向うにタンク車を
牽引するC58。列車は石油輸送列車で、
島松駅隣接の日本石油の油槽所へ運ぶ
列車。かつては各地で駅隣接の油槽所
があった。島松駅隣接の油槽所も現存
しない。
◎島松〜北広島
1973（昭和48）年2月27日

架線柱のないすっきりしたロケーションの中、D51 1120号機牽引のタンク列車がやってきた。D51は戦時型でかまぼこ型
ドームが見える。千歳線の電化は1980（昭和55）年。写真から7年後には電化によってエル特急「ライラック」が走り抜ける
ことになる。◎島松〜恵庭　1973（昭和48）年2月27日

1981(昭和56)年当時の千歳空港駅（現・南千歳駅）。橋上駅舎の写真左側に写るのは、千歳空港旅客ターミナルビルとの連絡歩道橋。現在は国道36号を跨ぐ部分のみ残され、旅客ターミナルビル（解体済）との間は撤去されている。写真は石勝線開業前。キハ82系「北斗」と711系が写る。◎千歳空港　1981（昭和56）年7月24日　撮影：荒川好夫（RGG）

781系エル特急「ライラック」を下り線（札幌方面）で後追い撮影。奥に写るのは写真の前年に開業した千歳空港駅（現・南千歳駅）。写真右側の線路は10月開業を前にした石勝線。非電化のため架線柱がない。石勝線左横の空間は後に開業の新千歳空港駅への支線が敷かれる部分。千歳線上り線（沼ノ端方面）は石勝線の右側に写る架線柱が立つ築堤である。◎美々〜千歳空港　1981（昭和56）年7月24日　撮影：荒川好夫（RGG）

北から南へ見た市街地と飛行場。地図とは異なり、南を上にして見る。写真奥が千歳飛行場（千歳基地）で、民間航空機の発着もすでに再開していた。左下に千歳駅。地上時代の駅で駅舎は3代目。市街地の高架化や高架駅となるのは1980（昭和55）年。千歳駅から上、飛行場付近に千歳空港駅（現・南千歳駅）や新千歳空港駅への支線と駅が後々建設される。千歳駅南側左に転車台。写真の左側中ほど少し上に左右に分かれる線路が写る。これは、旧海軍の引込み線で左が旧海軍千歳第二飛行場、右が旧海軍千歳第一飛行場への線路だった。旧海軍千歳第二飛行場は陸上自衛隊東千歳駐屯地に、旧海軍千歳第一飛行場は航空自衛隊千歳基地となり、自衛隊の引込み線として使われた。◎撮影：朝日新聞社

千歳
1961年頃
（昭和36年頃）

空港旅客ターミナルビルとの連絡歩道橋内部。写真に国鉄千歳空港駅への案内表示が写り、写真奥が千歳空港駅（現・南千歳駅）。1992（平成4）年7月1日の新千歳空港駅開業および新千歳空港ターミナルビル完成までは、まさに北海道の空の玄関口と鉄道を結ぶ重要な連絡歩道橋だった。◎千歳空港　1981（昭和56）年7月22日　撮影：荒川好夫（RGG）

高架橋と711系。土盛りによる高架と写真のような高架橋が続く区間。1973（昭和48）年に開業した新線。旧線上にあった上野幌駅は新線上に移転。北広島〜上野幌間の西の里信号場は複線新線の開業で廃止されたが、1992（平成4）年に新線上で復活した。◎北広島〜上野幌　1981（昭和56）年7月25日　撮影：荒川好夫（RGG）

「トマムサホロエクスプレス」。キハ82
系改造車で、ハイデッカーリゾート列
車。写真当時は札幌～トマム・新得間
を運行。キシ80形をベースに改造され
た食堂車を含む5両編成時代が写る。
ただし、札幌～トマム・新得間の所要
時間は短く、写真当時は食堂車を連結
しているものの、時刻表に食堂車連結
のマークは無かった。後年、食堂車と
中間車1両が外され、登場時の3両編
成に戻っている。
◎北広島～島松
1991（平成3）年8月29日

札幌近郊の新しい通勤・通学輸送の担い手として1988（昭和63）年に登場した721系。国鉄時代に電化して以来、長らく711系電車が活躍してきた千歳線だったが、写真当時は新生JR北海道の新しい近郊形交流電車のスタイルが定着しつつある頃で、711系と共存していた。
◎北広島〜島松
1991（平成3）年8月29日

札幌とアクセスし、千歳空港駅（現・南
千歳駅）のある千歳線には、実に様々な
列車がやってきて撮影時間が長くなる
ものだった。写真はキハ183系後期型の
特急「おおぞら」。キハ183系の後期型
は、国鉄分割民営化を前に製造された
N183系と民営化後に登場した改良型
NN183系があり、北海道の主力特急形
気動車の地位を長く保持した。
◎北広島〜島松
1991（平成3）年8月29日

交流専用の特急形電車、781系のエル特急「ライラック」。グリーン車を連結しない全て普通車の4両編成。自由席車3両、
指定席車1両で、気軽に利用できるエル特急の名を広めた。485系の直線的な先頭部を見慣れた人からすると、781系先頭部
の丸みがユニークに見えるが、これは着雪を緩和するためのデザインである。◎北広島〜島松　1991（平成3）年8月29日

「ニセコエクスプレス」の車両だが「はこだてエクスプレス」として運行のシーン。運行初年の「はこだてエクスプレス」はキハ183系5000番台「ニセコエクスプレス」車を使用していた。翌年からは、後に「ノースレインボーエクスプレス」の愛称となるキハ183系5200番台となり、同番台の愛称が「ノースレインボーエクスプレス」に決まると、列車名は「はこだてエクスプレス」から「ノースレインボーエクスプレス」となった。◎北広島～島松　1991（平成3）年8月29日

D51が重連で回送の重連単機回送。略して重単回送のシーンで先頭はD51 556。千歳線の無煙化は写真の翌年1973（昭和48）年だった。その後も、島松駅隣接の油槽所への石油輸送列車はD51からディーゼル機関車に変更されて運行が続いた。
◎北広島〜島松　1972（昭和47）年10月16日

旧線時代の西の里信号場を行くD51 600牽引の貨物列車。旧線は単線で西の里信号場は行き違いの役目を担った。写真は旧線時代最後の冬の様子。1973（昭和48）年9月9日に北広島〜白石〜苗穂間が新線の複線に。翌日、旧線上の西の里信号場は廃止された。しかし、1992（平成4）年に再び現・信号場が開設されている。
◎北広島〜西の里信号場　1973（昭和48）年2月27日

日高本線様似間を結んだディーゼル急行「えりも」。キハ56系の短編成。写真当時の千歳線には室蘭や、室蘭以西の室蘭本線へ入線する急行「ちとせ」なども走り、特急の狭間でディーゼル急行が健在で、特急から急行までバラエティ豊かな国鉄型優等列車を撮影できた。◎上野幌　1984（昭和59）年10月30日

上野幌駅は、1973（昭和48）年に新線へ
駅が移転。築堤上の高架駅となった。
写真は、キハ22とキハ56系による4連。
すでに電化によって電車が投入されて
いたが、千歳線は現在もそうだが、電車
と気動車が混在して運行される路線で
ある。
◎上野幌　1984（昭和59）年10月30日

島松～北広島間は、札幌市に近く、小高い築堤上を走る直線コースの撮影地として知られる。写真はDD51重連による「トワイライトエクスプレス」。札幌発が午後、札幌着が朝で、いずれも日照時間に通過した。ちなみに「トワイライトエクスプレス」は、通常函館駅への乗り入れが無かったため、DD51の牽引は五稜郭～札幌間で、同機が函館～札幌間を牽引した「北斗星」とは異なった。
◎北広島～島松
1991（平成3）年8月29日

新線を行くキハ82系13両の堂々たる編成。函館発の特急「おおぞら」2号旭川・釧路行を後追い撮影。写真左側の札幌方面へ進む。写真右側から3両目が食堂車。食堂車を含む7両編成が釧路行で、写真左側の6両編成が旭川行。滝川で分割した。両編成ともに指定席グリーン車を連結し、普通車を含めてオール指定席車。当時の特急列車は重厚な雰囲気で、まさに特別急行列車だった。
◎北広島～上野幌　1974（昭和49）年頃
撮影：荒川好夫（RGG）

キハ22のほかにバス窓のキハ21も見られる国鉄一般色の美しい編成が新線を走る。千歳線は1973（昭和48）年9月に北広島〜白石〜苗穂間の複線新線が開業。1960年代に千歳線各区間の複線化が進む中で、北広島以北の複線化が遅れ、西の里信号場（旧）以北には、上野幌（旧）、大谷地、月寒、東札幌経由の後に旧線と呼ばれる区間が残存していたが、新線の開業でようやくボトルネックを解消し、旧線は貨物線編入の一部を除き新線開業の翌日に廃止となり、千歳線に新しい時代が訪れた。
◎上野幌〜北広島　1974（昭和49）年頃
撮影：荒川好夫（RGG）

石勝線

写真は、新千歳空港駅が未開業時代で、現在の南千歳駅が千歳空港駅だった。千歳線と室蘭本線を橋渡しするかのように石勝線千歳空港～追分間が1981（昭和56）年10月1日に開業。写真は開業して間もない頃の石勝線を走るキハ82系時代の「おおぞら」。千歳空港駅は1992（平成4）年に新千歳空港駅開業により、千歳空港駅から南千歳駅へ改称した、
◎千歳空港～追分　1981（昭和56）年10月7日

石勝線の開業は写真の6日前にあたる1981（昭和56）年10月1日。夕張線の路盤を活かして石勝線開業に向けて整備された線路が真新しい。走行する特急「おおぞら」のキハ183系量産車も同年製の新車。東追分駅は、現在は旅客扱いが廃止され東追分信号場になっている。◎東追分〜追分　1981（昭和56）年10月7日

1981（昭和56）年10月1日に石勝線開業。この開業によって全ての特急「おおぞら」が石勝線経由の運行になった。写真は
1986（昭和61）年に登場した新車のキハ183系500・1500番台による特急「おおぞら」。当時のニューエースであった。
◎東追分〜追分　1986（昭和61）年11月3日　撮影：高木英二（RGG）

長大トンネルがいくつも貫かれた山深い印象が強い石勝線にあって、追分〜東追分（現・東追分信号場）間はまだ序章の区間
で、平凡と言えば平凡である。キハ22の4連を後追い撮影したシーン。背後に見える線路は室蘭本線。追分へ向かって室蘭
本線と石勝線が近づいていく。◎東追分〜追分　1981（昭和56）年10月7日

石勝線と言えばキハ183系「スーパー
とかち」が思い出される。沿線のリゾー
ト開発が進む中で1991（平成3）年7月
に登場。ダブルデッカーのキサロハ182
形を連結し、北海道の大自然を眺望す
ることができた。写真は「スーパーと
かち」の愛称で運行の末期頃で、2000
（平成12）年の283系「スーパーとかち」
の登場によって、ダブルデッカーを連
結するこの編成も「とかち」となった。
◎川端〜滝ノ上
1999（平成11）年9月30日

川端駅を発車するキハ40を後追い撮影
したシーン。奥に写るのは分岐器を覆
うシェルター。夕張線時代は貨物列車
が停車し、貨物・荷物の取扱いが行わ
れていた駅だったが、石勝線となる前の
1981（昭和56）年5月に貨物・荷物とも
に取扱いが廃止となり無人化された。
◎川端　1999（平成11）年5月18日

キハ183系新塗装色の「おおぞら」。写真右側は紅葉山トンネル。新夕張〜楓間でシェルターつながりの３つの紅葉山トンネルを抜ける。左から３両目はキハ184形を先頭車改造したキハ183形100番台。電源機器室と反対側（後位）に運転台を取り付けた。◎楓〜新夕張　1991（平成３）年10月22日

国鉄時代の札幌鉄道管理局が登場させた和式気動車「くつろぎ」。写真の先頭車はキロ29-1。当時は窓回りにダークグリーンを配した「ミッドナイト」と類似のデザインに変更されていた。窓上のラインは「ミッドナイト」がピンク系の色で「くつろぎ」はグリーンであった。
◎新狩勝信号場　1991（平成３）年10月

キハ40の単行が石勝線を行く。トマム
〜新得間は33.8km。その間には、根室
本線との重複区間を含み、5箇所の信
号場があり、トマム側から串内、上落
合、新狩勝、広内、西新得の各信号場が
設置されている。
◎トマム〜新得
1999（平成11）年5月19日

トマム〜新得間を駆け抜ける「スーパーおおぞら」。沿線はほとんど無住地帯で、信号場を抜けつつ新得を目指す。「スーパーおおぞら」は、石勝線の高速運転改良工事を終えた後、1997（平成9）年に運転を開始。写真当時は営業最高速度130km/hで石勝線を走行していたが、現在は減速運転になっている。◎トマム〜新得　1999（平成11）年9月30日

石勝高原（現・トマム）駅で撮影の往年の急行「まりも」でキハ56系。急行「まりも」はディーゼル急行と夜行客車急行が運行され、同駅はディーゼル急行のみの停車駅だった。後にディーゼル急行の「まりも」は特急へ格上げという形で姿を消し、特急「おおぞら」へ統合された。
◎石勝高原
1982（昭和57）年7月24日
撮影：荒川好夫（RGG）

石勝線開業前に撮影された写真で、プレス公開によるもの。新狩勝トンネル内の上落合信号場から見た石勝線と根室本線の分岐地点が写る。写真左側が石勝線の新夕張方面で写真右側が根室本線富良野方面。信号場で根室本線と石勝線は合流し、新得方面へ向けて両線の重複区間となる。
◎上落合信号場
1981 (昭和56) 年7月23日
撮影：荒川好夫 (RGG)

写真：安田就視 (やすだ なるみ)

1931 (昭和6) 年2月、香川県生まれ、写真家。日本画家の父につき、日本画や漫画を習う。高松市で漆器の蒔絵を描き、彫刻を習う。その後、カメラマンになり大自然の風景に魅せられ、北海道から九州まで全国各地の旅を続ける。蒸気機関車をはじめとする消えゆく昭和の鉄道風景をオールカラーで撮影。

解説：辻 良樹 (つじ よしき)

1967 (昭和42) 年1月、滋賀県生まれ。東海道本線を走る国鉄時代の列車を見て育つ。北海道から沖縄まで全国を旅する。東京にて鉄道や旅行関係のPR誌編集を経て鉄道フォトライターに。著書に『関西 鉄道考古学探見』『にっぽん列島車両図鑑』(ともに、JTBパブリッシング)『知れば知るほど面白い西武鉄道』(洋泉社)など多数。『北海道の廃線記録』を第一弾から執筆。また『北海道の国鉄アルバム』も上巻から執筆。古きよき時代の鉄道考察をライフワークとし、国鉄時代の列車や駅、旅模様や歴史などを様々な媒体で執筆している。現在は、生まれ育った滋賀県に拠点を移して活動。滋賀の鉄道に関する写真個展や地域誌への執筆、資料収集、廃線跡ツアーやカルチャーセンターでの講師、自治体などの講演活動なども行っている。

【写真提供】

朝日新聞社、(RGG) 荒川好夫、白井朝子、高木英二

北海道の国鉄アルバム
中巻(室蘭本線、日高本線、千歳線、石勝線)

発行日 ··················2021年7月1日　第1刷　　※定価はカバーに表示してあります。

著者 ··················安田就視 (写真)、辻 良樹 (解説)

発行人 ··················高山和彦

発行所 ··················株式会社フォト・パブリッシング

　　　　　　　　　〒161-0032　東京都新宿区中落合2-12-26

　　　　　　　　　TEL.03-6914-0121 FAX.03-5955-8101

発売元 ··················株式会社メディアパル (共同出版者・流通責任者)

　　　　　　　　　〒162-8710　東京都新宿区東五軒町6-24

　　　　　　　　　TEL.03-5261-1171 FAX.03-3235-4645

デザイン・DTP ·········柏倉栄治 (装丁・本文とも)

印刷所 ··················新星社西川印刷株式会社

ISBN978-4-8021-3254-1 C0026